COLLECTION FOLIO

Hans Holbein le Jeune, *Étude pour un vitrail avec Terminus*, 1525. Photo © Kunstmuseum, Bâle, Martin P. Bühler.

Régis Debray

Éloge des frontières

Gallimard

Ce livre reprend le texte d'une conférence donnée à la Maison franco-japonaise de Tokyo le 23 mars 2010. Il fait écho au séminaire tenu à la Fondation des Treilles en février 2010 par la revue Médium, *dont les actes sont reproduits dans son numéro 24-25 intitulé «Frontières».*

Régis Debray est philosophe et écrivain.

Le dieu Terme se dresse en gardien à l'entrée du monde. Autolimitation : telle est la condition d'entrée. Rien ne se réalise sans se réaliser comme un être déterminé. L'espèce dans sa plénitude s'incarnant dans une individualité unique serait un miracle absolu, une suppression arbitraire de toutes les lois et de tous les principes de la réalité. Ce serait en fait la fin du monde.

LUDWIG FEUERBACH,
Contribution à la critique de la philosophie de Hegel, 1839.

I

À *contre-voie*

Une idée bête enchante l'Occident : l'humanité, qui va mal, ira mieux sans frontières. D'ailleurs, ajoute notre *Dictionnaire des idées reçues* (dernière édition), la démocratie y mène tout droit, à ce monde sans dehors ni dedans. Pas de souci. Voyez Berlin. Il y avait un mur. Il n'y en a plus. Preuve que la Toile, les paradis fiscaux, les cyberattaques, les nuages volcaniques et l'effet de serre sont en voie d'expédier nos vieillottes barrières rouge et blanc à l'écomusée, avec la charrue à mancheron de bois, la bourrée auvergnate et le coucou suisse. Aussi tout ce qui a pignon sur rue dans notre petit cap de l'Asie — reporters, médecins, footballeurs, banquiers, clowns, *coaches*, avocats d'affaires et vétérinaires — arbore-t-il l'étiquette « sans frontières ». L'on ne donne pas cher des professions et associations qui oublieraient sur leur carte de visite ce « Sésame, ouvre-toi » des sympathies et des subventions. « Douaniers sans frontières », c'est pour demain.

Si le mirage était vivifiant, propre à nous fouetter le sang, à nous jeter sur les routes, de tôt matin, le jarret frémissant, il faudrait y consentir d'un cœur léger. Entre une ineptie qui aère et une vérité qui étiole, il n'y a pas à balancer. Depuis cent mille ans que nous enfouissons nos morts chéris dans l'idée qu'ils pourront se retrouver bientôt au paradis, la preuve est faite qu'un trompe-l'œil encourageant ne se refuse pas. Pour contrer le néant, l'espèce a toujours pris le bon parti, celui de l'illusion. Si l'on doit s'élever contre celle-ci, c'est que, sous ses allures mi-scoutes, mi-luronnes, mi-évangéliques, mi-libertaires, elle annonce un bol d'air et garantit un trou à rat.

Ne croyez pas, cela dit, que je sois venu à Tokyo vous vanter un plat national, un patrimoine en péril. C'est un Français, je le confesse, qui paraît devant vous, et mon bercail doit à ses vulnérabilités frontalières un goût ancien et même, jusqu'à hier, une certaine expertise technique pour tracer des lignes sans consulter les populations, dans les « taches blanches » des vieux atlas — à travers le Sahara, au Proche-Orient ou dans la péninsule indochinoise. Cette manie colonisatrice appartient heureusement au passé. Elle tirait son tour de main d'un « sol sacré de la patrie » difficile à sanctuariser, en dépit de ce que l'on appelait jadis dans notre Hexagone des *frontières naturelles*, celles dont manquait à nos yeux l'ennemi héréditaire, le Germain. Un archipel comme le vôtre peut s'épargner les anxiétés du limitrophe : ses rentrants et ses saillants ne portent pas trace de ses combats, mais du caprice de ses côtes. Même si elles ont des Kouriles en souffrance ou des îlots contestés, les grandes îles telles que le Japon ou l'Angleterre, cernées de bleu, sont moins exposées au dépeçage que les pays continentaux, comme l'Allemagne, la Chine, la Russie, la Pologne, entourés d'étendues indéfinies. Ajoutez la France à la liste. Notre République ne se proclamerait pas « une et indivisible » si elle ne gardait une vague hantise des empiétements et morcellements passés. La partition affecte l'Irlande et Chypre, mais l'insularité vous donne, à vous, un fond d'homogénéité. L'appartenance ne fait pas ici question, ni le vague à l'âme national : le planisphère trace le trait. Édouard Glissant, le poète du tremblement et de la relation, Martiniquais d'origine, Caribéen de vocation, a coutume d'opposer aux pensées de système qu'engendre le corset continental « la propension archipélique à soutenir le *divers du monde* ». Puisse votre chapelet d'îles m'aider à soutenir la cause décriée des lisières et des confins, peut-être exotique à vos yeux, mais familière à l'Europe… aux anciens parapets.

« Nous sommes un pays sans frontières », m'a dit l'un d'entre vous, non sans quelque fierté. Claudel vous en a tenu rigueur : « Japonais, vous étiez trop heureux dans votre petit jardin fermé… » C'était avant que vous n'en sortiez, sauvagement, pour conquérir l'Asie, et que vous en soyez punis, sauvagement, en 1945. Mais cet Éden réduit en cendres, vous avez su le reconstituer en esprit après Hiroshima, à nouveaux frais. Vous avez emprunté à l'Extrême-Occident de quoi faire un Extrême-Orient moderne, mais non *western*. Je ne sais si c'est un compliment, mais plus expert en l'art de cribler et trier le tout-venant qu'un Japonais d'aujourd'hui, je ne vois pas; à ceci près que vous n'avez pas besoin de barbelés, de quotas ni de censure pour filtrer les apports nutritifs du grand large : vos poissons crus, vos caractères d'écriture, vos rues sans adresse, vos entrelacs religieux, vos kimonos font, sous la surface d'une ultramodernité sans complexes, un filet aux mailles fines, étonnamment résistantes.

Je viens pour ma part d'une terre ferme, toute ridée d'histoire, d'une Europe fatiguée d'avoir été longtemps sur la brèche, qui pense aux vacances et rêve d'une société de soins. Ses officiels ont à cœur d'effacer ses frontières linguistiques sous une langue unique, le *globish*, qui n'a d'anglais que le nom. Notre Euroland, capitale Bruxelles, a officiellement répudié l'ancien « concert des nations », d'où naissent curieusement toutes sortes de couacs et fausses notes. Il s'étonne que le Grec n'y ressemble pas au Suédois, le Lituanien à l'Italien, ce que chaque crise lui rappelle à son corps défendant. Renoncer à soi-même est un effort assez vain : pour se dépasser, mieux vaut commencer par s'assumer. C'est en Amérique du Nord, minimum de diversité dans un maximum d'espace, que les rues ont des chiffres. C'est en Europe qu'elles portent des noms. Par un bonheur qui s'est cher payé, il est vrai, elle a pour lot un maximum de diversité dans un minimum d'espace. Cela fait en général un summum de civilisation (non une garantie, à preuve nos guerres civiles), comme le montre l'Italie de la Renaissance, avec ses émulations municipales dans un mouchoir de poche. De là est né un finistère tout en dentelles, avec quatre-vingt-dix-neuf balafres s'étendant sur deux cent cinquante mille kilomètres linéaires. Seulement la moitié d'entre elles suivent les lignes de partage des eaux, fleuves, rivières, lignes de crête. C'est à tort qu'on les a dites « naturelles ». Reliefs et cours d'eau ont un pouvoir incitatif de suggestion, mais ne peuvent se hausser à la dignité de frontières que par un acte d'inscription solennel, seul à même de transmuer un accident de nature en une règle de droit. Comme « la carte est une projection de l'esprit avant d'être une image de la terre » (Christian Jacob), la frontière est d'abord une affaire intellectuelle et morale. Les autres animaux s'annexent un territoire propre par *trace* interposée, olfactive ou auditive. Limite mobile et floue, qui va et vient avec les saisons, les rapports de force entre espèces et populations. Nous, il nous faut de l'institué : nous plantons des *signes*, érigeons des emblèmes. Le mammifère anxieux se taille son habitat dans la biosphère, son coin de culture dans la nature au moyen de *symboles.* Il n'urine pas, ni ne défèque ni ne fait des trilles — il grave un trait sur un parchemin ou brandit une charte, en invoquant Jupiter ou la Cour suprême. Vous devinez pourquoi, avec un aussi lourd casier judiciaire, l'allégorie du *pont* sert de leitmotiv aux coupures de l'euro. Ce signe monétaire, pictogramme étique, ce billet de Monopoly® n'a qu'une excuse : c'est un signe d'expiation. Cachez, ponts suspendus sur le vide, ces frontières que je ne saurais voir.

Le premier venu a conscience d'un tournant dans l'aventure du genre humain, avec cette révolution néolithique au carré que nous vaut l'invention numérique. La grande bascule ubiquitaire, jointe aux marées noires, aux rafales boursières et aux pandémies éclair, donne un petit air d'antiquité aux parcellaires du Vieux Monde, pendant que le tsunami du *mainstream*, dit-on, emporte nos digues riquiqui. Est-ce une raison pour devenir un homme à préjugés plutôt qu'à paradoxes ? Je ne le crois pas. Le Soleil-Levant nous a donné un *Éloge de l'ombre*, signé Tanizaki. Permettez un éloge de la frontière en provenance du Couchant, où tout ce qui pèse et ce qui pose ne parle plus que de *cross-over* et d'*open-up*.

Il est pénible de reconnaître le monde tel qu'il est, et plaisant de le rêver tel qu'on le souhaite. Nous préférons tous le Valium® à l'angoisse, d'où notre penchant pour le *borderless world*, cette berceuse pour vieux enfants gâtés. J'y verrais volontiers une fuite en avant, un rêve yeux ouverts, qui, comme son aîné nocturne, vise à satisfaire un désir empêché. Non pas sexuel, mais religieux : le millénium avant l'heure. On cajole une planète lisse, débarrassée de l'autre, sans affrontements, rendue à son innocence, sa paix du premier matin, pareille à la tunique sans couture du Christ. Une Terre liftée, toutes cicatrices effacées, d'où le Mal aurait miraculeusement disparu. Les nuages atomiques vont dans ce sens : ils se moquent de Terminus, le dieu des confins, auquel Rome rendait un culte sur le Capitole, en plein centre, et au nom duquel on plantait un hermès pour marquer la lisière de son champ. Le VIH-1 non plus n'en a cure. C'est un fait. Il en est un autre, concomitant du premier : des frontières au sol, il ne s'en est jamais tant créé qu'au cours des cinquante dernières années. Vingt-sept mille kilomètres de frontières nouvelles ont été tracés depuis 1991, spécialement en Europe et en Eurasie. Dix mille autres de murs, barrières et clôtures sophistiquées sont programmés pour les prochaines années. Entre 2009 et 2010, le géopoliticien Michel Foucher a pu dénombrer vingt-six cas de conflits frontaliers graves entre États. Le réel, c'est ce qui nous résiste et nargue nos plans sur la comète. Fossile obscène que la frontière, peut-être, mais qui s'agite comme un beau diable. Il tire la langue à Google Earth et met le feu à la plaine — Balkans, Asie centrale, Caucase, Corne de l'Afrique et jusqu'à la paisible Belgique.

L'esprit fort de mon canton, qui a remplacé le « hourra l'Oural ! » par un « vive la ville-monde ! », se croit en avance. J'ai peur qu'il ne soit en retard d'un retour du refoulé. Il se drogue au *light*, chante l'errance et la nouvelle mobilité planétaire, ne jure que par le *trans* et l'*inter*, idéalise le nomade et le pirate, vante le lisse et le liquide, au moment même où réapparaissent, au cœur de l'Europe, des lignes de partage héritées de l'Antiquité romaine ou du Moyen Âge, et où, devant sa porte, d'anodines limites régionales se revendiquent en frontières nationales. Chacun d'exalter l'ouverture, tandis que l'industrie de la clôture (capteurs thermiques et systèmes électroniques) décuple son chiffre d'affaires. *Only one world* chantonne le *show-biz*, et quatre fois plus d'États à l'ONU que lors de sa création. L'horizon du consommateur se dilate, celui des électeurs se recroqueville. Pendant que le mantra *déterritorialisation*, quoique difficile à prononcer, résonne en maître dans nos colloques, le droit international « territorialise » la mer — l'ex-*res nullius* — en trois zones distinctes (eaux territoriales, zone contiguë et zone économique exclusive). L'économie se globalise, le politique se provincialise. Avec le cellulaire, le GPS et l'Internet, les antipodes deviennent mes voisinages, mais les voisins du *township* sortent les couteaux et s'entretuent de plus belle. C'est le grand écart. Rarement aura-t-on vu, dans l'histoire longue des crédulités occidentales, pareil hiatus entre notre état d'esprit et l'état des choses. Entre ce que nous tenons pour souhaitable et ce qui est. Entre ce qui se dit dans l'Internationale universitaire des penseurs euro-américains, maigre substitut des Internationales ouvrières disparues, et ce qui sévit dans l'arène planétaire. Il y avait aux États-Unis, après guerre, des abris antiatomiques. L'intelligentsia postnationale, dite à tort critique et radicale, nous offre des abris antiréalité, avec des théoriciens de grand savoir et de peu d'expérience. Radicaux, tentons de l'être aussi — mais en allant à la racine.

De quelle réalité veut-on s'abriter en fuyant dans le *wishful thinking*, en brandissant ce mot-fétiche, cet alibi commode qui dispense de vouloir les conséquences de ce que l'on veut, la *diversité* ? D'une réalité têtue qui nous flanque une claque chaque fois que nous oublions la recommandation avant-gardiste de Giuseppe Verdi : « *Tornate all'Antico, sará un progresso*[1]. » D'une absurdité très nécessaire, et insubmersible, qui a nom *frontière*.

1. « Revenez à l'Antique, ce sera un progrès. »

II

Au début était la peau

L'intempestif qui déjoue les programmes est vieux comme Caïn, assassin notoire et premier constructeur de ville. Il ne ferait pas retour avec tant d'insistance s'il ne tenait à la nature des choses, à une loi d'organisation que l'expérience indique, hélas, comme infrangible. Comment faire souche ? Comment mettre de l'ordre dans le chaos ? Configurer un site à partir d'un terrain vague ? En traçant une ligne. En séparant un dedans d'un dehors. L'autorisé de l'interdit. La sorcellerie de la frontière est sans âge parce qu'il n'y a pas trente-six façons de transmuer un tas en tout. Et nos légendes fondatrices, Ancien Testament, *Iliade* ou *Énéide*, l'énoncent tout de go, ce geste inaugural et déplaisant de démarcation. Politiquement incorrect, moralement antipathique, mais inévitable pour échapper au pur hasard. C'est ainsi que l'Être suprême, scellé dans un tétragramme imprononçable, a mis fin au tohu-bohu : « Dieu *sépara* la lumière de la ténèbre : premier jour. Et il *sépara* les eaux d'avec les eaux : deuxième jour. Que les eaux inférieures au ciel s'amassent en *un seul lieu.* Dieu appela "terre" le continent ; il appela "mer" l'amas des eaux. Dieu vit que cela était bon » (Gn, I). Pour extraire un cosmos de la soupe primitive, d'un coup de foudre ou de bistouri, le bon Dieu disjoint le conjoint — en vrai petit *diable* (le diviseur, en grec). Sans ce coup de force, diabolique, pas d'accès au symbolique. Il a détaché une forme d'un fond pour donner figure à l'indifférencié. Puis (Gn, II), en maniaque de l'écart productif, Elohim y revient : il crée Ève en découpant une côte du corps d'Adam. Comme Zeus coupe l'androgyne primitif en deux pour faire un homme et une femme. Le geste distinctif du créateur — qu'il soit Dieu, Michel-Ange ou Einstein — consiste à ôter avant d'ajouter. Il relève de l'*arte di levare,* la sculpture, art d'enlever, et non de l'*arte di porre,* la peinture, art d'en remettre. La grandeur des commencements réside dans leur franchise. Ces cosmogonies mythiques, liées à l'idée très occidentale d'une création *ex nihilo,* ne tournent pas autour du pot. La déchirure. Le crac initial. La fente des eaux mêlées. La même que l'on retrouve, après l'invention de l'écriture, dans les chroniques des grands partages historiques, entre eux et nous, l'humain et l'inhumain, le barbare et le civilisé — décision trop grave pour être confiée à de simples chefs de bande. Ce sont toujours les prêtres qui fixent la frontière. Ou les juges, nos prêtres laïcs. Les rois faisaient jadis l'affaire tant qu'ils nous guérissaient des écrouelles. En 1494, il revint au Saint-Père, le souverain des souverains, de trancher, par le traité de Tordesillas, la part des Indes occidentales qui incomberait à la couronne portugaise et celle qui reviendrait à l'Espagne. Quand ce n'est pas évident, il faut du transcendant. Mieux vaut, encore aujourd'hui, pour le canal de Beagle ou pour l'Adriatique, s'en remettre au tribunal de La Haye ou au successeur de saint Pierre plutôt qu'à un vote d'assemblée à la majorité simple. Le suprême arbitrage fait passer l'arbitraire. Silence dans les rangs.

Ainsi de Rome, la Ville des villes. Premier acte : Romulus prend un soc de charrue et trace le *pomerium*, délimitation sacrale et inviolable du Palatin. Son frère Remus le payera de sa vie, puisqu'il sera tué en sautant par-dessus. Ainsi de nos racines. « Sacré », en français, vient du latin *sancire* : délimiter, entourer, interdire. Sanctuaire également. Le latin *templum* (l'espace circonscrit dans les airs par le bâton de l'augure) renvoie au grec *temnein*, qui veut dire *découper*. Ce qui se tient *devant* l'enceinte réservée au culte est le *pro-fanum*, le profane — stigmate spatial, qui en annonçait d'autres. C'est par la frontière, on le voit, que le politique rejoint le religieux, et l'actuel, l'immémorial. Fatale ascendance : le *rex* a pour première fonction, proprement sacerdotale, de *regere fines*, de tracer le périmètre à l'intérieur duquel n'importe qui ne pourra pas faire n'importe quoi. On n'en sort pas. Ces dieux et ces héros ont agi à bon escient. La Rome antique a duré un millénaire. Ceux qui décident de faire vie commune, *hic et nunc*, peuvent s'en inspirer, et dire : commençons par séparer crûment les domaines. Qui fait quoi, où et quand ? Regardons bien la carte et l'organigramme. Décrets d'attribution, répartition des biens, quote-part. Un bon croquis vaut mieux qu'un long discours.

Dans la civilisation latine, les murs et les portes de la ville étaient réputés *res sanctae*, choses sacrées. Voilà qui devrait démystifier une notion faussement confuse, et que les plus matérialistes continuent de mettre en pratique, à leur insu et de leur plein gré. János Kádár, le dernier dirigeant communiste de Hongrie, solide gaillard qui n'avait rien d'un thaumaturge, n'a-t-il pas un jour promené la dextre de saint Étienne Ier, relique du roi fondateur (dans d'autres cas c'est le chef), le long des frontières de son pays pour les rendre inviolables ? Ailleurs, en Europe, c'est l'icône ou la croix qu'on charge de faire fuir les mauvais esprits. Sorcellerie maintenue. Comme si l'on ne pouvait s'approprier une portion de la croûte terrestre sans que les maîtres du rite l'ordonnent à une valeur sacramentelle. On consacre quelque chose (accusatif) en le dédiant à quelqu'un (datif). Comme s'il fallait *se vouer à* pour pouvoir demeurer *dans*. Sans fenêtres ni baies latérales, les temples francs-maçons ont pour voûte un firmament aux étoiles d'or. Chaque fois qu'un passant souhaite qu'un peu de lui-même lui survive, il lève les yeux vers quelque point sublime — Moïse, « le grand architecte », Jésus, de Gaulle, Lincoln ou Bouddha. Ne garde pas longtemps les pieds sur terre qui n'a pas eu quelque jour un coin de sa tête dans les nuées.

Toutes les sources du vivant sont frappées d'ambiguïté : attirantes et dégoûtantes. Sacrées, les vertèbres sises entre excrétion et génération. La crypte et l'alcôve. Ambivalente aussi la frontière. Aimable et détestable. « Sublime et maudite », comme disait Lu Xun en son pays, la Chine, de la grande muraille. Elle inhibe la violence et peut la justifier. Scelle une paix, déclenche une guerre. Brime et libère. Dissocie et réunit. Comme le fleuve, qui joint et sépare en même temps — le Rhin, l'Amour ou le Danube. *Limen*, d'où viennent notre liminaire et nos préliminaires, c'est à la fois le seuil et la barrière, comme *limes* dit le chemin et la limite. Janus, dieu du passage, a deux faces. Et notre nationaliste avait autant de raisons d'exalter la ligne bleue des Vosges que nos socialistes de la craindre. Il n'y a qu'un invariant, en cette matière éminemment réversible, c'est l'indexation du degré de sacralité sur le degré de fermeture. On profane une tombe quand on l'ouvre, un sanctuaire quand on le force. L'idée de séparation, qui sert de point commun aux étymologies — la racine *q* en hébreu (*qadosh*) ou *h* en arabe (*haram*) —, s'atteste dans notre architecture, civile et religieuse, où le sacro-saint est toujours à couvert, à part ou au plus secret. « Entonnoir sémantique », disent les doctes, avec mépris, et qui ne savent pas si bien dire. De fait, tous ses versants convergent vers l'idée de santé ou de salut — mais pourquoi distinguer si le corps et l'âme se sauvent de concert ? Sacralité, sécurité. Ouvrons un dictionnaire latin-français à *salvare* : a) guérir ; b) sauver ; c) conserver. *Jésus notre sauveur* : la carte vitale du chrétien. Son baptême : un billet de tombola pour la vie éternelle. Et le corps du Christ qu'est l'hostie est enserré entre deux parois d'une lunule de verre et soustraite, dans un tabernacle, à la vue des fidèles, sauf dans la fête du *Corpus Christi*.

La plupart des peuples — je parle de ceux qui gardent leur âme, ou leur mordant, c'est la même chose — entretiennent avec leurs limites un rapport émotionnel et quasiment sacré. Enlevons à ce dernier mot sa trouble nébulosité. Donnons congé à l'ineffable et à l'insondable. Chaussons nos lunettes. Le sacré, c'est du tangible et du solide. C'est fait en dur parce que fait pour durer. Visible à l'œil nu, sensible au pied comme à la main. Cela, laïc ou religieux — panthéon, cathédrale ou mausolée —, se marque dès l'abord par le degré, la palissade, la balustrade, l'emmarchement, le péristyle, le porche, la courette, le garde-corps. Dans l'entassement urbain, le lieu sacré — dont votre palais impérial, au centre de Tokyo, avec ses douves et ses murailles, est le parfait exemple — déjoue la promiscuité du profane par un parvis, une esplanade ou un portail, un vide intermédiaire et protecteur. Aménagement de l'espace et développement durable ne font qu'un. Double rôle de ce manchon : *isoler*, comme le jour férié fait le départ entre le banal et l'extraordinaire, et *concentrer*, sur un lieu exhaussé, les regards et les rêves. Façon de contrer l'usure du temps, afin que notre *nous* n'aille pas à vau-l'eau. Étant entendu que l'endroit en retrait a deux faces, Janus oblige : il y a le paradis (de l'avestique *pairidaiza*, le jardin clos), lieu de délices; et il y a la cave, lieu de supplices. Le cloître du bénédictin, qui a fait vœu en entrant de stabilité, et la maison close, où les couventines du sexe sont astreintes à la même obligation (au contraire des filles de joie, sans paroisse attitrée). L'ambivalence est de fondation, mais que la mort couronne toute vie n'est pas une raison pour se suicider. Une sacralisation en appelle à la vie. C'est l'acte réflexe d'un instinct de conservation face au risque d'impermanence. Ce qui le rend intraitable et paradoxalement meurtrier dès qu'il prend possession d'une lutte politique. N'étant pas de l'ordre du quantitatif, et donc du négociable, le sacré suscite la montée aux extrêmes. Quand une communauté se bat pour sauver sa peau — mur, mosquée ou tombeau de l'ancêtre —, elle ne lésine pas sur les moyens : la lutte est à mort, car l'enjeu n'est plus ce qu'elle a mais ce qu'elle est.

Sacraliser, quel intérêt aujourd'hui quand tout semble désacralisé, la religion y compris ? Mettre un stock de mémoire à l'abri. Sauvegarder l'exception d'un lieu et, à travers lui, la singularité d'un peuple. Enfoncer un coin d'inéchangeable dans la société de l'interchangeable, une forme intemporelle dans un temps volatil, du sans-prix dans le tout-marchandise. La sacralité accordée au corps humain l'empêche de devenir une chose, un produit comme un autre. Et de mettre à l'encan cœurs, reins et foies sur un biomarché spéculatif, pour la transplantation d'organes au plus offrant.

Voilà qui éclaire notre lien immémorial avec la pénombre. Hypogées, cryptes, caveaux funéraires, catacombes, grottes : le concave, l'obscur et le sacral ont partie liée depuis Lascaux. La présente règle de l'ouverture de tout à tous force le secret des confessionnaux comme des salles de bains. Il faut faire la lumière. La société de l'accès criminalise l'arcane et l'opaque. N'empêche qu'elle ne peut rompre un fil d'or plusieurs fois millénaire. Comme l'autel des ancêtres dans la case africaine se niche au plus obscur, et non près de la porte, comme l'épine, le prépuce ou le saint sang s'engouffrent au fin fond de la crypte, le sarcophage est en sous-sol, et le tabernacle, hors d'atteinte, surélevé. Ce que nous avons, nous enfants de Clovis et de Robespierre, de plus sacré dans l'héritage — charte de Childebert, matrice en cuivre de la Déclaration des droits de l'homme et du citoyen, testament de Napoléon — reste encoffré à Paris dans une armoire blindée, derrière une porte de fer rarement ouverte, à l'hôtel de Rohan, siège des Archives nationales. Nos archivistes-paléographes, qui n'ont plus à chemiser de plomb des ossements de roi, savent toujours comment transformer en relique un bout de papyrus et en trésor un lambeau de tissu. On enchâsse ou l'on ensache, on met le cadenas — ou les scellés —, on accroche sur la porte « entrée interdite », et l'on s'en va, avec la clé.

Pour sûr, il n'y a pas à cet égard d'exception française, sinon dans les atours et le vocabulaire. Je me garderai de vous vanter nos braies, mâchicoulis et contrescarpes, nos palissades d'ifs et nos haies vives, nos sauts-de-loup, nos barricades, nos jubés et nos balustrades. Chaque culture a son style de clôture, deux mots qui riment parce qu'ils sont synonymes. Et j'aurais plutôt envie d'envier le vôtre. Vous avez fait de l'emboîtage et de l'emballage une industrie autant qu'un art, et où, comme disait Claudel, « rien ne s'ouvre que pour se refermer ». Délicats sont vos intervalles, et ténues, vos cloisons. Vos *shôji* à portes coulissantes, faits de papier et de rectangles en petit-bois, modulent subtilement, dans vos intérieurs, l'opaque et le translucide. Votre *tokonoma*, l'alcôve dans la maison où l'on place le bonzaï, n'est pas un réduit comme un autre. Vos sanctuaires *shintô* où résident les *kamis*, s'abritent derrière de hautes futaies, avec des entrées en enfilade, solennisées par des portiques, les *torii*. Vos jardins-microcosmes sont des *haïkus* végétalisés. Vos brefs poèmes rendent l'homme à la nature ; vos girons de verdure le ramènent à la source. On ne regarde pas de loin ; on s'immerge.

Pour le dire naïvement : là où il y a du sacré, il y a une enceinte, et là où il y a une enceinte, il y a de la vie (la jeune résistante enceinte, les nazis eux-mêmes attendaient qu'elle accouche pour la décapiter). La coïncidence met sur la piste : il s'agit de conjurer les puissances de mort. Le pourtour ampute, certes, mais pour mieux incruster, et ce qu'un moi (ou un nous) perd en superficie, il le gagne en durée. Aussi est-il normal de protéger le circonscrit qui nous protège — et nous prolonge. La perpétuation d'une personne, collective ou individuelle, se paye d'une sage humiliation : celle de ne pas être partout chez elle. L'Hexagone ampute l'être français, comme votre arc d'îles, l'être japonais, mais cet enserrement vaut résilience. D'où la présence, fût-ce dans le dernier confetti du Pacifique promu à l'indépendance, du *haut lieu* central destiné à l'invention et l'entretien d'une mémoire à venir. La barrière métallique comme le cordon de police placés pour la commémoration autour de la butte témoin, du tertre, du poteau ou de l'arbre sacré sont l'expression d'un vouloir-vivre. Ne médisons pas trop des garde-corps, des cordons de sécurité ni des moucharabiehs. « Ce qu'il y a de plus profond chez l'homme, disait

Valéry, c'est la peau. » La vie collective, comme celle de tout un chacun, exige une surface de séparation. Emballage d'abord. La profondeur suit, comme l'intendance.

La matière n'a ni sac ni peau. Seule la cellule a une membrane. Les eucaryotes en ont même deux, autour du noyau et de la cellule. La peau serait l'organe primordial des épigenèses, le premier reconnaissable chez l'embryon. C'est en se dotant d'une couche isolante, dont le rôle n'est pas d'interdire, mais de réguler l'échange entre un dedans et un dehors, qu'un être vivant peut se former et croître. Pas d'insecte sans kératine, pas d'arbre sans écorce, pas de graine sans endocarpe, pas d'ovule sans tégument, pas de tige sans cuticule, etc. Un système vivant est une surface repliée sur elle-même, dont l'idéal-type est la sphère, bulle ou boule, et notre village ou notre maison natale, un ersatz en 3D, gaine, gousse ou coquille. C'est à cette cavité amniotique que nous revenons chaque soir en nous glissant sous l'édredon, en fermant les écoutilles. Survivre, c'est sauvegarder ses plis et replis. Pour prévenir l'aplatissement du corps et de l'image du corps, la mortelle, l'ennuyeuse surface plate comme la main, sans intérieur ni extérieur, ni muqueuse entre les deux.

Le succès reproductif des closeries soigneusement tamisées qu'on appelle des cultures est à cette condition. On comprend qu'elles veillent à leurs enceintes comme à leur assurance-vie.

Car de survivre il s'agit. Asile des persécutés, temple ou ambassade, le sanctuaire d'hier ou d'aujourd'hui, à Thèbes comme à Santiago du Chili, n'est-il pas celui qui nous sauve la peau, quand on a la police à ses trousses ? Et l'*au-delà* du croyant est-il autre chose qu'un *en deçà* conjugué au futur ? Rejoindre après sa mort le sein d'Abraham, le lieu de la paix et du bonheur, n'est-ce pas faire retour au giron ? On est *tombé* dehors, comme Adam et Ève du jardin primordial, dans le froid, le bruit, la lumière, les tourments du besoin. Il y a d'autres moyens, plus prosaïques, de se refaire un dedans. On peut aller se promener le week-end dans un parc national, le paradis du pauvre (*parc*, en ancien français, signifie enceinte, barrière). Il n'y a plus grand monde pour attendre la Jérusalem céleste, pourvue d'un rempart en jaspe de cent quarante-quatre coudées et percée de douze portes (*dixit* saint Jean). Nos mises à l'abri sont moins ambitieuses. Le sommeil, justement dit réparateur, en fait partie : chaque soir, en éteignant la lampe, nous regagnons la matrice et tentons de parer à la catastrophe qui nous a expulsés du divin enclos. Et nous avons bien raison. Où étions-nous mieux nourris, logés, chauffés, blanchis et protégés que dans cette maison de poupée spongieuse et fluide où nous avons passé nos deux cent soixante-dix premiers jours, cellule en suspension hydrostatique, à la fois nourricière et pare-chocs ?

Faut-il le préciser ? Interface polémique entre

l'organisme et le monde extérieur, la peau est aussi loin du rideau étanche qu'une frontière digne de ce nom l'est d'un mur. Le mur interdit le passage ; la frontière le régule. Dire d'une frontière qu'elle est une passoire, c'est lui rendre son dû : elle est là pour filtrer. Un système vivant est un système thermodynamique d'échanges avec le milieu, terrestre, maritime, social. Les pores font respirer la peau, comme les ports, les îles, et les ponts, les fleuves. Cette alternance systole/diastole, fermé/ouvert, peut être celle de cycles temporels : l'archipel japonais a fait alterner au long de son histoire, à parts égales, siècles de fermeture et siècles d'ouverture, fermeture des ports à l'époque Tokugawa (1603-1867), ouverture sous l'ère Meiji (1868-1912). La mer, frappée d'ambivalence, elle aussi, à la fois mur et porte, obstacle à l'accueil et incitation à l'échange, remplit en ce cas la fonction sas, ou valve. Le bon séjour a besoin de jours ou de failles. Des embrasures : poternes et meurtrières pour le château fort, labyrinthes d'accès pour la chambre funéraire, col de l'utérus pour la conque maternelle. L'Arche sainte a son propitiatoire, comme le ciboire a sa patène. Ils s'enlèvent à volonté. Enclos dans un coffre en bois, enveloppé dans une étoffe ou un manteau précieux, caché derrière le rideau, le *Sefer Torah*, le plus sacré des objets de culte synagogal, s'en extrait pour la lecture à dates fixes. Et jusque dans le Temple de Jérusalem, le Saint des saints s'ouvrait une fois l'an, au grand prêtre. Comme à Combray, la chambre-crypte de la tante Léonie, au petit Marcel anxieux, rongeant son frein dans un salon comme un lévite dans l'avant-nef. Giron n'est pas prison ; ni clôture, confinement.

Cristaux et minéraux ne meurent pas, privilège réservé aux végétaux et aux animaux. L'avantage de l'enveloppe se paye d'un léger inconvénient, la mort. S'il est une expression que le monde du vivant ignore, c'est bien « gagnant/gagnant », attrape-nigaud économique. Dont la traduction serait en l'occurrence l'épanouissement sans la flétrissure. Quand on vieillit, la couche cornée de l'épiderme devient calleuse et s'épaissit : c'est la kératose. Inexorable induration, mais qui vaut toujours mieux qu'un dépiautage.

Quand je vois la façon, à Tokyo même, dont vos candidats à l'ébriété se déchaussent dans le vestibule pour laisser les impuretés à la porte du débit de boissons ou du restaurant, ou comment vous vous couvrez la bouche, dans la rue, avec un masque de gaze ; quand je redécouvre à Kyoto votre art du blotissement et du retrait ; quand je lis chez Augustin Berque, dans *Le Sauvage et l'Artifice*, qu'au Japon « la nostalgie du pays évoque fortement celle du retour à la matrice, à la maternance du village dans son enveloppe quasi fœtale (le nom familier du village, *fukuro*, sac, poche, désignant aussi bien la communauté de naissance que la mère) », je ne peux m'empêcher de penser, au-delà du souci d'hygiène, et malgré le déclin démographique, que vous n'êtes pas guettés par le nihilisme. Thanatos ne l'emportera pas sur Éros. Si, selon le mot de Bichat, « la vie est l'ensemble des fonctions qui résistent à la mort », le vivre et le couvert en font partie, au même titre que l'invariance reproductrice. J'observe d'ailleurs que le *passage couvert* a pour vertu d'érotiser une ville. Comme nous l'ont rappelé deux écrivains surréalistes évoquant Paris et Nantes, passage de l'Opéra ou passage Pommeraye. « Hantise des orifices et des conduits secrets, ombreux, chaleureux, qui donnent sur le labyrinthe viscéral, les repaires intimes du vaste corps urbain », pour Julien Gracq ; voluptueux labyrinthe, pour Aragon, où la lueur glauque « tient de la clarté soudaine sous une jupe qu'on relève d'une jambe qui se découvre ».

À chaque concrétion d'humanité son cachet, ses armes, disons sa signature. De l'estampe *ukiyoe* aux mangas d'auteur, en passant par *L'Empire des sens*, l'érotisme fait aussi partie des sceaux propres au Japon. Comme le sumo, la baleine, le thon rouge et la conduite à gauche. Chaque culture son estampille. D'autres ont la barbe, la vache sacrée, le phoque dans l'assiette, l'étui au pénis ou le komboloï à l'index. Ce qui est demandé au petit détail d'accoutrement ou de comportement, sans y prendre garde, tant le vivant se moque du conscient, c'est de continuer à faire poche. Ou plutôt de réparer l'accroc, de regonfler la bulle natale en danger de mise à plat, *via* toutes sortes de pas de côté, de menus fastes maintenus. Pour ne pas perdre contenance — même si l'on a changé de contenu en route. On peut douter que nos moines et moniales catholiques goûtent les joies du paradis. Mais non du fait que le monastère de Ligugé, fondé en 361, abrite encore une communauté. Cette longévité sans pareille de nos ordres et instituts de vie consacrée doit sans doute beaucoup à l'ombre et au mystère des cloîtres, petits carrés au centre d'un labyrinthe. Et au maintien par chaque ordre de ses signes distinctifs, coule de telle couleur et matines à telle heure. Pas de communauté qui n'affiche ses insignes d'appartenance comme autant de porte-bonheur quand le pronostic vital est engagé, quand un colon ou un envahisseur veut la défigurer ou la dissoudre. De même, dans la vie diplomatique, l'intangibilité des frontières comme la sainteté des traités (*pacta sunt servanda*). Ces talismans juridiques sont autant d'invocations destinées à remonter la pente de toutes choses, à savoir le dévoiement et l'affaissement, avec le temps, des conventions passées.

La notion de frontière a changé de sens et de forme au cours des siècles, et l'on ne peut évidemment projeter celle toute linéaire de nos États-nations sur les complexes confins d'antan. Elle est si peu univoque qu'il y a, dans chaque langue, plus d'un mot pour la dire (*limes*, en latin, n'est pas *finis*, pas plus que *border*, en anglais, simple limite entre deux États, n'est *fron-*

tier, limite provisoire d'un espace civilisé avec une zone barbare à conquérir). Les lignes-frontières peuvent être des bandes de terre plus ou moins élastiques ; et il y a plus d'un régime frontalier en vigueur. En France, la fixation de frontières linéaires continues remonte au passage de l'État féodal à l'État territorial. Grand bien nous en a fait. Un roi de France, jusqu'au XVIe siècle, ne pouvait pas se représenter avec précision, faute de cartes, l'espace de son royaume, et Louis XIV, qui a appris la géographie dans les *Commentaires sur la guerre des Gaules* de César, ne négociait pas des limites territoriales ; il faisait valoir des droits dynastiques. Mais intraitable est le *cerne distinctif.* Devinant que l'on ne détruit une frontière qu'en la remplaçant par une autre, pour mieux combler le fossé entre protestants et catholiques, notre bon roi Henri IV institua un corps de géographes d'État pour fixer la carte et les limites du royaume. De même, en huit siècles, Paris a-t-il connu six enceintes successives, de celle de Philippe Auguste jusqu'au boulevard périphérique, et sitôt une muraille abattue il s'en est construit une autre. Le périphérique va bientôt disparaître en tant qu'ultime anneau magique, mais le Grand Paris de demain trouvera à son tour, n'en doutons pas, un autre *intra-muros* (la qualité de la vie y gagnera, et l'on y viendra plus volontiers qu'à Los Angeles ou Tokyo).

La frontière survit à ses métamorphoses. Invincible parce que *bonne à penser*, du fait que toute mise en ordre symbolique d'un chaos ou d'un salmigondis passe chaque fois, en chaque domaine, par un jeu d'oppositions — yin/yang, féminin/masculin, chaud/froid, terre/ciel, mais aussi classique/baroque, apollinien/dionysiaque, gauche/droite, etc. C'est la raison pour laquelle, s'il n'y a pas de frontières pour toujours, il y a toujours une ultime frontière. Entre la vie et la mort, par exemple, ce n'est plus l'arrêt du cœur — et de la circulation des fluides, air et sang, dans le corps — qui fait loi, mais l'encéphalogramme plat. Les progrès de la médecine n'ont fait que la déplacer. On n'en finira jamais avec la frontière parce qu'elle est inhérente à la règle de droit, et même quand elle prend la forme funèbre du Styx et du nocher Charon faisant passer les morts de l'autre côté du fleuve, elle est *bonne à vivre.* Le dur désir de durer l'inscrit au programme de tout ce qui bouge et respire. Nos « sans-frontières » veulent-ils effacer l'inconvénient d'être né ? Si l'être et la limite adviennent ensemble, et l'un par l'autre, leur ambition serait-elle au fond une abdication ? Une maladie de la richesse ? Le souffle au cœur d'une civilisation devenue celle des musées ? L'Europe, l'homme malade de la planète ? Souhaitons qu'il n'en soit rien. Ce serait trop dommage pour cette grosse boule polychrome, joyeusement polyglotte, où il faut chaque jour, par chance, apprendre à s'égarer, et où l'on voudrait bien pouvoir continuer de se perdre.

III

Nids et niches, le retour

Aucun *quartier* de Paris ne ressemble à un autre. Ma ville natale en compte quatre-vingts sur le papier (quatre par arrondissement, et il y en a vingt), mais ce tissu conjonctif en patchwork coïncide rarement avec notre quadrillage administratif. Chacun a son style, ses grands hommes en plaque ou en plâtre, son amour-propre, son costume, accent, patois, et tout ce folklore sédimenté par les siècles fait plus qu'une carte postale : une connivence sous-cutanée. Il est des quartiers qui stipulent un métier. Tous confèrent un petit air de famille. On est *de* Belleville, *du* Sentier, *de* la Butte-aux-Cailles, *du* faubourg Saint-Germain — avec un *de* restrictif autant qu'honorifique. Il y a aussi, bordant ou mitant ces terroirs, et de plus en plus, des non-lieux, telles des non-personnes indifférenciées, havres utilitaires et même indispensables, mais sans qualités ni visage : supermarchés, aéroports, stations d'essence, parkings, autoroutes, gares et péages. Des étourdis tirèrent de là le pronostic d'une planète *hub*, vaste aéroport sans peuples interconnectant Mars et Pandora, avec des bipèdes planants qui n'auraient plus besoin de poser leurs deux pieds quelque part. Un consommateur téléporté, une aéroville aux dimensions du globe : cette pensée de survol a fait long feu, comme l'économie en apesanteur qui l'accompagnait. Qu'il soit utile de mettre le monde en réseau ne signifie pas que l'on puisse habiter ce réseau comme un monde. Impossible de faire d'un lieu de passage un lieu de séjour, faute de vis-à-vis. Pas d'anti-en face. Comment se poser sans s'opposer ? Une communauté sans extérieur pour la reconnaître ou l'investir n'aurait plus *lieu* d'être, telle une nation seule au monde verrait s'évanouir son hymne national, son équipe de foot ou de cricket, et jusqu'à sa langue. Une personne morale a un périmètre ou n'est pas. D'où vient que « la communauté internationale » n'en est pas une. Ce flasque zombie reste une formule creuse, un alibi rhétorique aux mains du Directoire occidental qui s'en est jusqu'ici arrogé le mandat. Il en ira tout autrement le jour où un petit bonhomme vert à mille pattes et longue trompe atterrira au carrefour de Ginza ou place de la Concorde. Face à l'*alien* d'une autre galaxie, l'impersonnalité morale qu'est l'Humanité avec un grand H pourra alors nous tenir chaud, parce qu'elle prendra forme et corps, par contraste avec un fond. C'est quand le mammifère humain verra de ses yeux l'étrangeté venue d'ailleurs qu'il saura à quoi résister, au coude à coude avec tous ses congénères sans exception, pour sauvegarder la sienne propre.

L'astrophysique, à ce stade, ne nous promet rien de tel. En attendant le miracle que serait la fraternité sans limites face à l'extraterrestre, levons les sceaux, cassons les codes, brisons les serrures, connectons-nous, cliquons, twittons, mailons tout notre saoul, mais n'allons pas croire qu'une connexion vaut connivence. À tout apparentement civique ou spirituel, il faut un appareillage technique, mais il y a loin du « connectif » au collectif. Un bidule utile couvre la planète en un clin d'œil, mais se déclasse aussi en un clin d'œil. Le trait culturel, lui, ne fait pas de bruit, mais il traverse le temps. Quand il a élu domicile quelque part, qu'il s'agisse d'une écriture, d'un système de parenté, d'un mode de vie ou d'une façon de table, il y reste. Et sa demeure lui permet de demeurer. Routes, chemin de fer, eau, gaz, électricité, téléphone, Internet : indifférents aux limites communales, aux reliefs, aux replis, les réseaux d'interconnexion entre sites tendent à en faire de simples points et relais. Cela dit, le réticulaire n'a pas sonné le glas du vernaculaire. Il y a toujours une bagarre en cours entre le génie du lieu et l'expansion du réseau, entre le vigneron et le TGV. À voir combien la planète hypercâblée regorge de poches d'inadaptés volontaires, on se dit que les bouseux ne se défendent pas trop mal.

Nos télescopes les ignorent. Sur l'imagerie de la NASA la carte des langues a disparu. De même, sur le grand écran plasma de Googleplex, au siège central de l'entreprise, où clignotent sur une mappemonde des centaines de millions de clics. Tout ce qui est réel n'est pas voyant, et le satellite géostationnaire nous permet de voir le globe comme un tout, mais hors l'échelle humaine. Photographiée à 36 000 kilomètres d'altitude, notre orange bleutée présente le même aspect qu'il y a un million d'années et qu'elle gardera quand notre espèce parasite aura fait place nette. Cette géographie inhumaine a gommé notre histoire. Plus de dieux, plus de vallées, plus d'idéogrammes ! Cette hauteur de vues sans profondeur — celle des stratèges en chambre ou sur écran — s'aveugle elle-même par ceci qu'elle néglige l'horizon intérieur du bipède. Cette optique dissout le temps des hommes dans l'espace des choses. Les nuages de cendre et les émissions de polluants, comme les astronautes, se moquent des micro-États et des micromilieux où pousse la plante humaine. Mais voyons comme la grande échelle remet les petites à flot. Comme si l'expansion formidable du commerce rehaussait l'attrait du hors-commerce. On n'a jamais tant parlé de biodiversité que depuis le triomphe de l'uniformité. Le hot-dog n'a-t-il pas fait la gloire du camembert de Normandie, l'autoroute du chemin de grande randonnée, la tour en verre de la poutre apparente ? Effet fermette, effet boomerang. Dans un premier temps, le réseau triomphe du site, jusqu'au moment, deuxième temps, où il l'exalte par contrecoup, et parfois pour le pire. Ce choc en retour aura été la punition du non-lieu, de l'*ou-topos*, du n'importe où cher aux commissaires du bonheur universel. Nos partisans du socialisme sans rivage ont éludé la question de la frontière, marque de finitude, stigmate d'imperfection. D'où leur prédilection pour les îles ou les déserts inhabités, où les Platon, les Thomas More, les Étienne Cabet, les Robert Owen et bien d'autres ont rêvé de bâtir l'homme nouveau. L'isolat évitait la question fatidique. Pas de voisins, rien à négocier, seul au monde. « L'Internationale sera le genre humain », cela commence par un « ici ou là, peu importe », et finit par « en dehors du parti, point de salut ». Résultat : des maisons sans joie, en attendant la Kolyma. La *World Enterprise*, un moment projetée par le souffle néo-libéral, glisse quant à elle de l'étranger à assimiler vers l'immigré à refouler : dans notre jungle qui dit aspirer à une gouvernance mondiale, la caméra de surveillance épie le déviant, le derme se fait corne, et la corne, armure. Qui faisait l'ange est devenu bête. Le *passage licite* est liquidé au profit du *passage puni*, et le Gotha tourne au ghetto. Le « ludion désancré » ne voulait plus de démarcation ; il a la ségrégation. Entre allogènes et autochtones. Entre *gated communities* et bidonvilles. Entre États-Uniens et Mexicains. Entre Espagnols et Maghrébins. Entre les gens de Neuilly et ceux d'Aubervilliers. Voir pointer des régimes d'apartheid au cœur du « village global » c'est voir le répondant, côté opulence, de l'involution, côté misère, du phalanstère en prison et de l'internationalisme prolétarien en chauvinisme rouge.

Déconvenue. Nos prévisionnistes n'avaient pas prévu que le déclin des patries et des guerres à l'ancienne relancerait autrement le besoin de fierté et de fusion collectives. Nombreuses sont les hystéries de conversion. Le sport de compétition est la plus signalée. L'équipe nationale de foot est un honorable substitut à l'armée d'antan. Elle sert de garde-frontière aux républiques ballonnières, héroïsée ou accusée selon qu'elle se laisse enfoncer, ou non. Il y a aussi, là où la sève n'a pas séché, la religion. Sa résidence une fois saccagée sur terre, la personne déplacée en cherche une autre au ciel. Les premières écoles de philosophie, dans l'Hellade, rattachaient les adeptes à un quartier, un jardin, un parc ; les modernes se sont rattachés à une doctrine pour compenser la clairière perdue. Avant de dériver en platonisme, la lignée de Platon s'appelait l'Académie, un faubourg de potiers bordé de platanes. Avant le stoïcisme, il y eut le Portique, et avant l'épicurisme, le Jardin. Nous avons scié les platanes et remplacé les péristyles par des bornes en papier. Marxisme, personnalisme, islamisme, bouddhisme, écologisme, etc. : la nidification dans un *isme* est un palliatif au déracinement. Ces maisons mères remplacent la maison natale. Ce sont les amers de la dérive, aux lourds effets de nasse. Les petits-enfants en diaspora qui redécouvrent leur ascendance sont plus intolérants que ne l'étaient chez eux leurs grands-parents, dont la religion était comme une langue maternelle, qu'ils parlaient sans trop y penser. Ainsi le postmoderne, qui perd ses repères en épousant son temps, tente-t-il de se ressourcer en remontant le temps. C'est la mémoire comme rachat et rançon d'un exil plus ou moins forcé, qui jette dans les métropoles cette bombe humaine, le *déboussolé hypermnésique.* Le flottant en perdition arbore son lieu d'origine, *via* pin's, badges, voiles, franges rituelles, poils et tatouages, frontières exhibitionnistes et ambulantes. Ce n'est pas parce que les religions sèment à tout vent, loin du bercail, qu'elles se fondent gentiment dans le panorama. Elles surlignent à l'envi, comme un pied de nez, leur signalétique de défi (système pileux, niqâb, tsitsit, chignon, croix, tilaka, etc.).

De même que, dans nos conurbations, les organismes enfumés, hérissés de prothèses, exigent en dédit leur ration annuelle de soleil et de chlorophylle, les va-nu-pieds poussés vers le tourbillon des villes réclament obscurément un droit au retour, tel l'Ouzbek ou le Palestinien pourrissant dans son camp de toile et de boue. La religion sans la culture c'est pour eux une façon économique de rentrer au village, tout en restant sur place. Tiraillé entre la perspective de se couper d'un monde d'opportunités nourricières s'il s'enferme dans son *ethnocosme* natal et celle de perdre toute estime de soi s'il épouse le *technocosme* ambiant, déchiré entre sa carte d'identité (familiale, clanique, rurale) et une possible Carte Bleue (permutable et inodore), chaque paysan dépaysé, comme par un « schéma déclencheur inné », rééquilibre son ouverture physique au vaste monde par un repliement psychique sur l'ancestral. Pour ne pas devenir n'importe qui, autant dire personne.

Gardons-nous de vitupérer l'effet récessif, au plan des mœurs et des mentalités, du progrès des conditions matérielles et de l'espérance de vie. Il a ses dérapages, mais sans doute est-ce un réflexe autoprotecteur que ce recours à des traditions réinventées. Nous n'y échappons pas nous-mêmes, nous, Occidentaux industrialisés, les obèses de la famille. Chez les installés de longue date, le tout-béton et le télé-n'importe-quoi provoquent aussi un appétit de bio, de naturopathie et de brocolis vapeur. D'arbres généalogiques et d'arts premiers. C'est comme s'il existait une sagesse du corps, le social y compris, comme si le besoin d'appartenance avait son thermostat caché. Quand on ne sait plus qui l'on est, on est mal avec tout le monde — et d'abord avec soi-même. Aussi, à chaque bond dans le futur, l'appétence à retrouver la grand-mère, ou ce qu'on croit qu'elle fut, monte d'un cran. Deux pas en avant, un pas en arrière. Aller-retour cocasse, dont il n'y a pas toujours ni partout lieu de rire, quand on voit dans les *shopping malls* du Golfe des fantômes en burqa faire leurs emplettes de portables dernier cri, pendant que de jeunes nations régressant en tribus se dotent d'armes chimiques et nucléaires.

IV

Clôtures et portails, la montée

À quoi sert la frontière, en définitive ? À faire corps. Et pour ce faire, à lever le museau. L'enceinte exalte le rampant et nous coiffe d'invisible. Tout site enclos est « un appareil à faire monter ». Pagode à cinq étages ou donjon dans le vieux Japon ; clocher ou campanile dans la France du seigle et du blé. Cet invariant ascensionnel, car rien ne montre qu'une rupture se soit produite qui ait transformé radicalement les forces profondes auxquelles obéit le regroupement humain, s'éclaire à ce que j'appelle l'*axiome* (et non le théorème) *d'incomplétude* : « Aucun ensemble ne peut se clore à l'aide des seuls éléments de cet ensemble. » D'où vient que chaque fois qu'un bourg informe se transforme en cité, ou un semis de villes en nation, s'élève d'un espace plan délimité un sémaphore en houlette — obélisque, flèche, colonne, rostres, statue de la Liberté, tour Eiffel ou montagne sacrée ? Tel votre mont Fuji à l'horizon du lac Tanuki :

cône exaltant, antidépresseur national, point de jonction entre le ciel et la terre, physiquement protégé et sanctuarisé (l'ascension du Fuji, ai-je appris, fut longtemps interdite au beau sexe).

Le prétendu combat du clos contre l'ouvert, tandem en réalité aussi inséparable que le chaud et le froid, l'ombre et la lumière, le masculin et le féminin, la terre et le ciel, continue d'amuser notre galerie. Ce lieu commun fait le bonheur des esprits courts, qui préfèrent citer Bergson (« morale ouverte contre morale close ») plutôt que Marcel Duchamp (« porte ouverte *et* fermée »). C'est simple, donc utilisable, mais ce qui est d'un seul tenant est faux. Aussi néglige-t-on ce qu'il faut d'ouverture à la verticale pour boucler un territoire à l'horizontale, ce qu'il faut d'*ailleurs* pour qu'un *ici* prenne et tienne. La flèche donne son assise à la cathédrale, comme le beffroi à la commune. Le fait (sans doute indémontrable, mais observable à tous les échelons) qu'aucun ensemble organisé ne puisse *se clore* à l'aide des seuls éléments de cet ensemble conduit à combiner l'eau et le feu. Il accroche le transcendant à l'immanent et l'envol à l'enclos. Un groupe d'appartenance se forme pour de bon du jour où il se ferme, et il se ferme par suspension à un « clou de lumière » — votre déesse Amaterasu, notre « Liberté, égalité, fraternité », le *One Nation Under God* des Nord-Américains... Chaque rassemblement, sa clé de voûte et son fil à plomb. L'impossibilité qu'a un agrégat quelconque de s'ériger en une communauté définie sans recourir à un extra convoque à son bord la sainte et le héros : opération par laquelle une *population* se mue en un *peuple*. L'économiste, le sociologue, le démographe traitent de la première, scientifiquement, et c'est heureux. Un peuple, en revanche, c'est une affaire à la fois plus sulfureuse et plus fantasque : une question de mythes et de formes. Sont demandées une légende et une carte. Des ancêtres et des ennemis. Un peuple, c'est une population, plus des contours et des conteurs. C'est quand la France de la IIIe République s'est moulée dans un Hexagone saumon sur les cartes murales de l'école qu'elle s'est lestée de *La Légende des siècles* et du *Tour de la France par deux enfants*. La misère mythologique de l'éphémère Union européenne, qui la prive de toute *affectio societatis*, tient en dernier ressort à ceci qu'elle n'ose savoir et encore moins déclarer où elle commence et où elle finit. Quidam ou nation ou fédération d'États-nations, quiconque manque de se reconnaître un *dessus* n'assume pas son *dehors*. Ne tolère pas jusqu'à l'idée d'avoir un dehors. Et ignore donc son *dedans*. Qui entend se surpasser commence par se délimiter. L'Europe a manqué prendre *forme* : ne s'incarnant dans rien, elle a fini par rendre l'âme. Mais ce n'est que le premier acte : la messe n'est pas dite. Le XXIIe siècle fera vraisemblablement mieux.

La frontière a cette vertu, qui n'est pas seulement esthétique, de « charmer la route », en mettant un milieu plus ou moins anodin sous tension. Rien ne peut faire qu'il n'y ait du frisson au bout de l'allée, une île de Cythère à l'horizon de l'embarcadère. Là où le chemin creux s'enfonce dans le sous-bois, le monde se réenchante. D'où le « tropisme des lisières » chez tous nos chercheurs d'or. Le « rôdeur des confins », l'arpenteur des marches, l'ami du chien-et-loup (« ce qui n'est déjà plus l'ombre et pas encore la proie », disait Breton) ne peut qu'avoir des antennes avec le merveilleux. Le familier des bordures l'est aussi du Graal et des champs magnétiques. *Borderline* et nez au vent, les surréalistes ont ouvert les fenêtres de la maison Descartes. Cela n'est pas sans rapport, tout cléricalisme mis à part, avec la géopolitique du surnaturel. Les apparitions de la Vierge Marie se produisent le plus souvent aux limites (dernièrement à Medjugorje, en Bosnie-Herzégovine), qu'elles soient entre États ou entre confessions, comme au Liban. Restons terre à terre : les fées aussi sont des faits. Prenons acte des affinités entre l'illuminé et l'enfermé. N'était l'odieux des vieux lycées, orphelinats et maisons de correction (sévices et brimades en tout genre), on serait tenté de voir d'un œil indulgent les cachots du roman noir et les remugles des dortoirs. Les internes du lycée ont un ressort imaginatif plus tendu que les externes. Julien Gracq, d'autant meilleur romancier que bon géographe, nous a rappelé de quelle réclusion « grelottante et hargneuse », de quels sinistres pensionnats où incubait jadis « l'enfant plein de tristesse » sont sortis nos semelles de vent et autres zéros de conduite pour qui « la vraie vie est ailleurs ». De même la Bastille a-t-elle donné des ailes à un obèse, le marquis de Sade, et l'enfer grillagé des livres interdits, inspiré de royales débauches au très chaste conservateur de la bibliothèque municipale d'Orléans, Georges Bataille.

Il n'y a pas que les amoureux fervents et les savants austères que la clôture tire vers le haut. Elle stimule également l'intelligence la plus terre à terre, la nôtre. Preuve en est qu'en France, air du temps oblige, les concours d'entrée aux grands corps administratifs viennent d'être amputés de l'épreuve écrite de culture générale au bénéfice de l'anglais parlé et de la comptabilité ; tous sauf un, le concours des Douanes. Et les douaniers ont des licences d'infiltration dans les gangs et de provocation au délit que l'on refuse aux simples policiers. C'est que la patrouille aux confins exige beaucoup d'astuce. Et de discernement. C'est au jointif, aux interfaces, que l'on trouve les plus débrouillards. Les villes frontière font lever la lourde pâte : Tanger, Trieste, Salonique, Alexandrie, Istanbul. Accueillantes aux créateurs et aux entreprenants. Aux passeurs de drogues et d'idées. Aux accélérateurs de flux. Profil du frontalier : loustic, tire-au-flanc inventif, plus éveillé que les engourdis de l'*hinterland.* Nous avons tous, nous autres les poussifs, une dette à leur égard. Que serait aujourd'hui la langue française sans les écumeurs de l'outremer ? Il en va des civilisations comme des langues : stagnantes, elles doivent leurs rebonds à leurs rebords, à leurs changements de portage quand elles en rencontrent une autre, exotique jusqu'alors. En quoi il est aussi idiot d'opposer le centre à la périphérie que le substrat à la surface : notre intimité s'exhibe par l'épiderme. « Le cutané est l'appareil le plus intérieur : tout retentit sur lui, et inversement », note François Dagognet, le plus fécond des encyclopédistes français d'aujourd'hui. Le dedans étant du dehors assimilé, et le dehors, du dedans exaspéré, la peau d'un individu met ses secrets en vitrine. Écoutons le dermatologue : « La peau est non seulement l'enveloppe de l'organisme, elle en est aussi le miroir et le résumé » (Jean-Paul Escande). Rien ne révèle mieux les arrière-pensées d'une société que ses avant-postes. Pour aller au tréfonds, éloignez-vous de la capitale, prenez le chemin de ronde. J'ai suivi cette règle en Terre sainte, et je ne crois pas m'être aveuglé. Là sont les vrais chrétiens, les vrais juifs, les vrais musulmans, ceux de l'arrière n'étant, disent-ils, que de pâles contrefaçons, parce que trop bien protégés. Plus exposés aux risques de perfusions et confusions par leur proximité avec le frère-ennemi, les avant-centre de chaque équipe mobilisent leurs anticorps comme un chat sort ses griffes.

Il est aussi fructueux de penser aux limites

que d'errer au *limes* : chaque coin nouveau du savoir surgit des marges du précédent, par un réglage de lentilles sur les franges qu'il a laissées dans le flou. Sciences dures ou sciences molles, c'est dans leurs entre-deux que la connaissance progresse, dans ces banlieues à risques, jointures d'autant plus juteuses que mal famées. « Quand une science naturelle fait des progrès, observe Marcel Mauss, elle ne les fait jamais que dans le sens du concret, et toujours dans le sens de l'inconnu. Or, l'inconnu se trouve aux frontières des sciences, là où les professeurs "se mangent entre eux", comme dit Goethe (je dis mange, mais Goethe n'est pas si poli). C'est généralement dans ces domaines mal partagés que gisent les problèmes urgents. Ces terres en friche portent d'ailleurs une marque. Dans les sciences naturelles telles qu'elles existent, on trouve toujours une vilaine rubrique. Il y a toujours un moment où la science de certains faits n'étant pas encore réduite en concepts, ces faits n'étant pas même groupés organiquement, on plante sur ces masses de faits le jalon d'ignorance : "Divers". C'est là qu'il faut pénétrer. On est sûr que c'est là qu'il y a des vérités à trouver[1]. »

N'attendez pas d'un médiologue qu'il contredise le maître de Lévi-Strauss. Il a lui-même planté sa tente dans les bas-côtés, et le « divers » est son terrain d'élection. Il explore les friches

1. Marcel Mauss, « Les techniques du corps » [1934], in *Sociologie et anthropologie*, PUF, 1967.

sises entre la sociologie, l'histoire des idées et l'histoire des techniques, lesquelles regardent d'un mauvais œil cet apache des banlieues zigzaguant entre les lignes. Ainsi du vulgaire sociologue de 1900 jouant des coudes entre l'histoire et la morale, douairières de haut lignage. Un siècle après, porter son attention sur les *matériels du spirituel,* c'est se reléguer soi-même dans un dédaignable entre-deux. Nous visons en effet à faire d'une *zone masquée,* échappant jusqu'ici à la mitraille académique, une *zone battue,* voire célébrée. Comment ? En fouillant les poubelles des sciences sociales habilitées, en inspectant de près aussi bien la forme de l'hostie, du bâton pastoral ou du lavabo que l'automobile, la télécommande, la route, la bicyclette, le papier, le pixel, etc., toutes choses bien trop insignifiantes pour les disciplines hautement reconnues — théologie, sociologie, sémiologie — qu'endorment leurs lettres de noblesse…

V

La loi de séparation

« Aujourd'hui, il n'y a plus de limites », entend-on tous les matins au comptoir, dans les zincs où se réfugie à Paris la meilleure philosophie. Feuerbach, l'éducateur du grand Marx, reconnaîtrait au bistrot ses petits. Plus de limites, en effet, à l'escalade des rémunérations et des prébendes, aux fanfreluches des Madame Sans-Gêne et aux désinvoltures de présidents sans façon. L'indécence de l'époque ne provient pas d'un excès, mais d'un déficit de frontières. Il n'y a plus de limites *à* parce qu'il n'y a plus de limites *entre.* Les affaires publiques et les intérêts privés. Entre le citoyen et l'individu, le nous et le moi-je. Entre l'être et son paraître. Entre la banque et le casino. Entre l'info et la pub. Entre l'école, d'un côté, les croyances et les intérêts, de l'autre. Entre l'État et les lobbies. Le vestiaire et la pelouse. La chambre et le bureau du chef de l'État. Et ainsi de suite. Conflits d'intérêts et liaisons dangereuses résultent d'une confusion des sphères. Le principe de laïcité portait un nom : la séparation. La loi au forum ; le privé à la maison. Il fut entamé en mai 1968 dans l'euphorie d'un sympathique charivari. Il sombre à présent dans un affairisme et un exhibitionnisme brouillons. C'est le moment d'invoquer le dieu Terme, de relever les bornes et de repeindre les lignes jaunes. Sans quoi nous ne serons plus loin de cette « fin du monde » qu'annonçait Feuerbach, l'auteur de *L'Essence du christianisme* — du moins de ce monde à facettes qui n'était pas encore lissé et formaté par l'empire des chiffres et de l'image parce qu'il avait des formes à respecter.

Ça cafouille, à présent, l'informel. Parce que ça veut aller de suite au fait, sans délai et sans manières. Ça se voulait primesautier, décomplexé, et ça sent le fabriqué. L'absence de préliminaires porte tort au plaisir, comme le défaut de procédures à la bonne justice. Plus de gardien dans l'immeuble, plus de seuil à la boutique. Ils n'annoncent rien que du morose, le courriel sans formule de politesse, le sexe sans « les bagatelles de la porte », le MacDo sans hors-d'œuvre. Le bonheur est dans le pré, soit, mais non dans le terrain vague.

Les éminents sociologues qui ont pris la distinction pour de la morgue ont ouvert les vannes de l'argent, que toute barrière encolère et que l'exception culturelle insupporte. La frontière a mauvaise presse : elle défend les contre-pouvoirs. N'attendons pas des pouvoirs établis, et en position de force, qu'ils fassent sa promo. Ni que ces passe-muraille que sont évadés fiscaux, membres de la *jet-set*, stars du ballon rond, trafiquants de main-d'œuvre, conférenciers à 50 000 dollars, multinationales adeptes des prix de transfert déclarent leur amour à ce qui leur fait barrage. Dans la monotonie du monnayable (l'argent, c'est le plus ou le moins du même), grandit l'aspiration à de l'incommensurable. À de l'incomparable. Du réfractaire. Pour qu'on puisse à nouveau distinguer entre le vrai et le toc. Là est d'ailleurs le bouclier des humbles, contre l'ultra-rapide, l'insaisissable et l'omniprésent. Ce sont les dépossédés qui ont intérêt à la démarcation franche et nette. Leur seul actif est leur territoire, et la frontière, leur principale source de revenus (plus pauvre un pays, plus dépendant est-il de ses taxes douanières). La frontière rend égales (tant soit peu) des puissances inégales. Les riches vont où ils veulent, à tire-d'aile ; les pauvres vont où ils peuvent, en ramant. Ceux qui ont la maîtrise des stocks (de têtes nucléaires, d'or et de devises, de savoirs et de brevets) peuvent jouer avec les flux, en devenant encore plus riches. Ceux qui n'ont rien en stock sont les jouets des flux. Le fort est fluide. Le faible n'a pour lui que son bercail, une religion imprenable, un dédale inoccupable, rizières, montagnes, delta. Guerre asymétrique. Le prédateur déteste le rempart ; la proie aime bien. Le fort domine les airs, ce qui le conduit d'ailleurs à surestimer ses forces.

Résistants, guérilleros et « terroristes » n'ont ni hélicoptères ni drones ni satellites d'observation. Ce n'est pas le ciel leur cousin, mais le sous-sol. Ils sont mariés avec le tunnel, la tanière et les galeries souterraines. Bien joué, vieille taupe !

Souhaitons-nous un autre domicile pour demain que le terrier ou la grotte, mais ne nous leurrons pas sur tout ce que la mondialisation nous apporte en faits de balkanisation. Sur tout ce que la bombe diasporique libère ici et là d'énergie identitaire. Flux migratoires, circulation des hommes et brassage sont les bienvenus, mais l'habit d'Arlequin planétaire est autant confrontation que métissage. L'afflux d'immigrés réveille la xénophobie des riches pays d'accueil, et, dans les mégapoles engorgées, les exilés de la misère creusent leur propre tranchée. Dans *La Forme d'une ville*, Julien Gracq rappelle que « l'état de friction latente et continuelle électrise les rapports ». Le frotti-frotta civilisationnel provoque de l'eczéma. Les intégrismes religieux sont les maladies de peau du monde global où les cultures sont à touche-touche. « Quand l'espace sans limite s'unifie au point de devenir tout entier zone frontière, alors le monde entier devient une zone irritable[1]. » Et chaque heurt, un cri de colère, chaque désaccord, un point d'honneur. On se cogne, on s'épie, on s'outrage, on

1. Daniel Innerarity, *La Démocratie sans l'État. Essai sur le gouvernement des sociétés complexes*, avant-propos de J. Semprun, Flammarion, 2006.

prend feu pour un mot de trop. Le narcissisme des petites différences, exacerbé par la communication en temps réel, engendre des paranoïas éclair. Surveillance du vocabulaire, traçage du moindre geste, procès d'intention entre communautés — effet amer d'une mondialisation huile et vinaigre. Vieille affaire, dira-t-on. Strasbourg a toujours été plus cocardier que Paris, Jérusalem plus judaïsante que Tel-Aviv, Lahore plus intégriste que Karachi, et Bombay plus hindouiste que Delhi. L'exposition en bordure favorise l'urticaire. On se leurre à voir les civilisations comme de grandes flaques s'aplatissant du centre à la périphérie jusqu'à de mornes confins, décroissant du plus coloré au plus délavé. Inverses sont les courbes de niveau : dans un *melting pot* d'autant plus volcanique qu'en effervescence, les bassins de culture se relèvent en vasque, et quelques-uns en *caldera.* Le mitoyen fait crise ? C'est au jointif des nappes humaines que la « communauté internationale » (ou ce qui en tient lieu) devrait positionner ses Casques bleus, d'autant que ces marches échappent au pouvoir central des États. En bornant les empires, en sanctionnant leurs guerres idiotes, en prévenant le ressentiment des envahis et des bafoués.

Vaste programme qu'une telle subversion dans la subversion.

Le petit-bourgeois s'est jugé libéré quand l'air du temps a cessé de discerner entre les classes, entre les sexes, entre l'œuvre et le produit, entre le rouge et le noir, entre l'info et la com', le fric et le chic, la scène et la salle, la chose et son annonce. Et l'ennui naquit bientôt de l'embrouillamini. L'autre a disparu, et avec lui le fouet du négatif. Narcissisme généralisé. Je ne doute pas qu'on ne réduise un plaidoyer pour la frontière à une apologie de l'arbalète quand pointe l'arquebuse ou de la ligne Maginot quand se pointent les panzers. On me fera observer que Google, l'Institut Pasteur et le Groupe d'experts intergouvernemental sur l'évolution du climat, sans oublier, mais pour des raisons très différentes, les studios d'Hollywood, modélisent et calculent par-dessus l'horizon. Vous ne savez donc pas, mon pauvre monsieur, que les « biens culturels » dématérialisés partout nous tombent du ciel sans papier ni celluloïd ni ruban magnétique ? Avouons-le : les cultes combinés du gadget et de Gaïa donnent un air d'évidence au dogme sans-frontiériste, sans quoi il n'aurait pas conquis les *hearts and minds* des ravis de la crèche, angelots et serins. Si le dossier noir de la frontière traîne partout (du style : « le nationalisme, c'est la guerre ! »), le sans-frontiérisme humanitaire excelle à blanchir ses crimes. Mieux : il a transformé un confusionnisme en messianisme. Il a habillé en révolution une contre-révolution. Retournons-lui sa méchanceté polémique avec une avoinée d'*ismes* (le juste envers de ces souverainisme, jacobinisme, culturalisme, relativisme et autre cynisme, dont il affuble lui-même les empêcheurs de se singer en rond).

En avant, les bonnets d'âne ! Qu'est-ce que le sans-frontiérisme ?

— Un *économisme.* En épousant le *global marketplace,* en « internalisant » l'économie d'échelle et de gamme, en conférant à la libre circulation des capitaux et des marchandises, bizarrement censée exclure celle des violences, l'*aura* du bon cœur et d'une communauté des destins, il déguise une multinationale en une fraternité. Et donne le coup de pied de l'âne au politique englué dans sa glèbe par la contrainte électorale. Il avalise le moins d'État en masquant son corollaire : un plus de mafia ; donne un lustre de générosité à la loi du plus fort ; et couvre d'un manteau de compassion dérégulations et privatisations. Portées par la finance baladeuse, l'écriture numérique et l'universalité du *bit,* nos sociétés *off shore* s'en lèchent les babines. *Sponsors* garantis. *Charity business* au *top.*

— Un *technicisme.* Un outil standard n'a ni latitude ni longitude. Mon dernier modèle aura une durée de vie brève, mais se retrouvera partout en un tournemain. Le standard Unicode, susceptible de coder toutes les écritures (y compris vos milliers de *kanjis*), s'impose à tous les ordinateurs. Cette *hubris* robotique qui veut se donner pour une métaculture mondiale, numérique et fibre optique aidant, finira par confondre le posthumain avec le feu follet.

— Un *absolutisme.* Le délinquant n'intériorise pas la notion de limite. Le prophète non plus. Ni le pseudo-savant. Ces trois lascars ont en commun de s'extra-limiter. C'est parce qu'ils ont réponse à tout et se croient partout chez eux qu'ils sont des hommes dangereux. Le missionnaire à l'étoile comme l'inquisiteur à turban et le charlatan en blouse blanche ignorent la sagesse des choses finies. Ainsi font les religions universelles, qui s'abandonnent à leur pente vers l'infini — au lieu de la remonter. L'arabisant André Miquel ne détecte pas la frontière en Islam encore aux approches de l'an mille. Il y est question de mouvances, non de territoires (frontière naturelle, mais floue, du Sahara ; mobile et disputée en Espagne et avec Byzance, mais toujours irritante et illégitime). Selon le droit coranique, le monde serait partagé entre *dar-el-islam* et *dar-el-harb* (le pays de la guerre). Entre les deux, une frontière ne saurait être qu'une halte. La monnaie de l'absolu ? Aucun esprit laïc ne peut accepter cette prétention à l'omnivalence planétaire, que ce soit celle de l'*oumma* néomédiévale ou de l'Occident néomissionnaire. La première valeur de la limite, c'est la limitation des valeurs.

— Un *impérialisme.* Puisque l'empire ne s'oppose pas au royaume par sa masse géographique, mais par ceci qu'il impose des limites aux autres, non à lui-même. La nouvelle Rome reprend la devise de l'ancienne, signée Ovide : « Aux autres peuples a été donné un territoire limité : la ville de Rome et le monde ont la même étendue[1]. » L'Organisation du traité de l'Atlantique Nord (OTAN) couvre désormais le Caucase et l'Asie centrale. Et « Justice sans limites » fut le nom initial donné par Washington au premier acte de sa « guerre contre le terrorisme », qui finira par une déconfiture. Le « devoir d'ingérence » est devenu l'eau de rose dont se parfume un empire d'Occident vieillissant. Il ne s'estime plus tenu de déclarer la guerre pour la faire et se moque du droit des gens en tant que de besoin, puisque son droit à lui vaut pour tous, la loi internationale ne valant pas pour lui. Tout allogène est un acolyte — ou un client — en puissance. Et l'outrecuidant de s'emmêler les pinceaux *urbi et orbi*, dans un méli-mélo entre soldats et mercenaires, guerre préventive et guerre de légitime défense, ingérence unilatérale et assistance collectivement délibérée, entre une alliance et une hégémonie. Budapest, Prague, Kaboul ; Viêtnam, Irak, Afghanistan encore : hier comme aujourd'hui, le malheur des impériaux, qui les mène à leur perte, est de tenir les frontières pour *qualité* négligeable.

Il en faut de bonnes, c'est vrai, pour faire de bons voisins. Ce fut prémonition, chez de Gaulle, que de mettre en bandeau sur *La Discorde chez l'ennemi*, édition de 1924 : « Ce qui perdra toujours l'Allemagne, c'est le mépris des limites

1. OVIDE, *Fastes*, II, 683-684 (« *Gentibus est aliis tellus data limite certo : Romanae spatium est Urbis et orbis idem* »).

tracées par l'expérience, le bon sens et la loi» — mépris dont peut s'exempter l'Allemand posthéroïque d'aujourd'hui, à l'égoïsme tranquille, convivial et plan-plan, et qui pourrait même retourner le compliment au Français, donneur de leçons chronique. Ce fut sagesse également, pour François Mitterrand, d'exiger avec d'autres que la ligne Oder-Neisse (séparant la Pologne de l'Allemagne) soit ratifiée et stabilisée avant d'entériner la réunification des deux Allemagne. Tant qu'il n'y a pas consensus sur le cadre territorial, une démocratie reste fragile, voire illégitime. Il est facile de voir qu'aux endroits de la mappemonde où il y a du grisé dans l'entre-deux et des pointillés qui se chevauchent, la parole est à la grenade, au plastic et aux machettes : Afrique centrale et Corne (Somalie, Érythrée), Caucase, Asie du Sud-Est (Cambodge, Thaïlande), Asie centrale (Cachemire), Proche-Orient (Liban, Kurdistan). L'exemple le mieux cartographié des vertus apaisantes de la ligne de partage reste le conflit israélo-palestinien. Israël est un État qui réclame, à juste titre, d'avoir des frontières sûres et reconnues, mais qui ne précise pas lesquelles. Comme le dit l'Israélien Uri Avnery : «Quel est le cœur de la paix? Une frontière. Quand deux peuples voisins font la paix, ils fixent avant toute autre chose la frontière entre eux.» Ce que le mouvement sioniste, explique-t-il, n'a jamais fait clairement, ouvrant ainsi la porte à un interminable grignotage. En n'indiquant aucune frontière dans la Déclaration d'indépendance, Ben Gourion avait pris un risque. Celui d'entendre dire un jour (par le Premier ministre Golda Meir) : « Les frontières sont là où se trouvent les Juifs, pas là où il y a une ligne sur la carte. » Aux colons donc de planter la borne de juridiction, qui avancera avec la carabine et la caravane, de colline en colline. Soit une guerre de cent ans.

À ces inconvénients connus, il faudrait ajouter, pour faire bonne mesure, l'intolérance à l'interdiction, qui trouve inadmissible l'indisponible (je dois pouvoir entrer partout, écouter et voir tout, disposer de tout, comme je veux et quand je veux), et fastidieuse la nuance (le *Ms.* anglo-saxon déjà réunifie le *Miss*, mademoiselle, et le *Mrs.*, madame, distinguo qui n'aura bientôt plus cours en France) ; la pub euphorisante qui « floute » les différences entre rupins et fauchés ; la manie du *less objection program*, de la fadaise claquante et communicante, et des projets politiques pareils à de la nourriture « avionable » ; le plain-pied qu'exige la marchandise, tête de gondole et *self-service* (chaque lessive devant être à portée de main) ; l'exigence de performance mesurable et rentable, qui déteste les « temps morts ». La douleur elle-même, dans nos sociétés tarifées et chronométrées, ne fait plus cortège, mais désordre. Un rite de passage, cela ne s'expédie pas à la va-vite. Le convoi funéraire, celui que suivaient à pied les voisins du quartier, celui qui n'ose même plus traverser nos cimetières pour ne pas faire perdre de temps à la famille, la procession, le cortège, le défilé, autant de formalités que le *time-is-money* évacue sans phrases. Toute intronisation, mariage ou *bar-mitsva*, cérémonie de naturalisation à la mairie, prestation de serment au barreau, remise de lettres de créance, soutenance de thèse à l'université, tout cela « traîne en longueur ». Vous avez en Asie la sagesse de tempérer les nanosecondes par des lenteurs étudiées, disons le *Shinkansen* à grande vitesse par le cérémonial du thé, le *flash* par le *nô*. Ces changements de pied, et de rythme, cette « alternance de longues attentes et de déflagrations » qui signe le temps japonais, comme les tournois de sumo ou d'arts martiaux, de même que le village niché sous les autoroutes suspendus signe votre usage de l'espace, mériteraient, je crois, une minute d'attention de la part de nos mufles fébriles. Il est des pays-entreprises où, par un américanisme mal compris, le réagir tient lieu d'agir et où la soif de modernisation fait la chasse au moindre cérémonial comme à du gaspi. Confondant décorum et décoratif, le contrôleur de gestion taille dans les dépenses de protocole aussi sûrement que dans les crédits de la culture. Il préfère rogner sur le train de vie de l'État plutôt que sur le sien propre, quand rien ne s'accorde mieux à la dignité de la puissance publique que l'humilité des personnes privées qui en sont provisoirement dépositaires.

Puisqu'il faut tenter de vivre, relançons la guérilla. Face au rouleau compresseur de la *convergence*, avec ses consensus, concertations et compromis, ranimons nos dernières forces de *divergence* — travers et malséances, patois et traducteurs, danses et dieux, vins et vices. Toutes les cultures doivent apprendre à faire la sourde oreille, à s'abriter derrière un quant-à-soi, voire un refus de comprendre. Fernand Braudel a dressé le procès-verbal de cette bizarrerie dans sa *Grammaire des civilisations.* Si perméables et accueillantes soient-elles, si nourries par les caravanes et les ports puissent-elles être, si hésitantes et lentes soient leurs douanes, toutes ont eu leurs mécanismes de filtrage et de visa (Byzance se fermant au monde latin, l'Italie à la Réforme, le monde anglo-saxon au marxisme ouvrier, etc.). « Une civilisation répugne généralement à adopter un bien culturel qui mette en question une de ses structures profondes. Ces refus d'emprunter, ces hostilités secrètes conduisent toujours au cœur d'une civilisation. À première vue, chaque civilisation ressemble à une gare de marchandises qui ne cesserait de recevoir, d'expédier des bagages hétéroclites. Cependant, sollicitée, elle peut rejeter avec entêtement tel ou tel apport extérieur[1]. » Combiner emprunts et rejets requiert certainement un doigté d'apothicaire. Toute frontière, comme

1. Fernand BRAUDEL, *Grammaire des civilisations*, Arthaud, 1987.

le médicament, est remède et poison. Et donc affaire de dosage. Puissent nos gestionnaires en charge, enclins aux comédies de la proximité et aux faux-semblants des murs de verre, faire au moins d'honorables pharmaciens, si la prise de corps européenne relève d'une chimie qui les dépasse.

Cauchemardons. Plus de traits à l'encre violette sur le cadastre en mairie ? La guerre de tous contre tous au village. Entre l'école et la télé ? L'analphabétisme généralisé (l'école étant sur tous les écrans, pourquoi la mettre quelque part ?). Entre l'*intra-muros* et le périurbain ? Le glissement de la cité à l'agglomération. Entre les âges — enfance, adolescence, maturité ? La moule amorphe collée à son rocher, l'ado trentenaire vivant chez sa maman. Chanson douce au départ, la pensée kitsch, qui voudrait supprimer tout ce que le jardin a d'épineux, le transforme en désert. Mon pays commence à s'en lasser, et l'on voit renaître, quoique nos politiques veuillent nous faire vivre à l'économie, l'aspiration à marquer de pierres blanches les étapes d'une formation, à redessiner le jeu de l'oie où chaque case mérite initiation, de l'entrée au collège à la sortie de la vie. À scander la monotonie des jours, à réinventer les rites de passage. Vous autres Japonais fêtez les équinoxes, automne et printemps, qui vous sont jours fériés. Vous savez mettre en scène la glycine et l'azalée, l'enfant et le vieillard, la carpe et le bambou. Et j'ai vu hier la première fleur du premier cerisier ouvrir votre journal télévisé. Nous n'avons pas en France ce modeste orgueil. Nos iris fleurissent dans l'indifférence. Vous soulignez les seuils ; nous les effaçons. Sans savoir que, sur un fleuve intranquille, il y a encore plus embêtant qu'une écluse, et c'est l'absence d'écluse.

C'est au reste là où l'autolimitation ne va plus de soi (ouvrons le journal) que les petites souverainetés en perdition forcent la note pour pouvoir, dans un espace économique homogénéisé, refaire du *nous*, coûte que coûte. La globalisation elle-même provoque l'érection de murs électrifiés et vidéosurveillés — contre des menaces senties comme névralgiques parce que insaisissables, *infra-* ou *trans*-nationales. Pour déjouer l'apartheid et la coupure, ne renâclons pas aux travaux de couture. La mixité des humains ne s'obtiendra pas en jetant au panier les cartes d'identité, mais en procurant un passeport à chacun.

Les frontières attendent leur comité d'éthique. Seules les loyales devraient être admissibles : bien en vue, déclarées et à double sens, attestant qu'aux yeux de chaque partie l'autre existe, pour de vrai. Bonnes seront dites celles — car il en est de très méchantes — qui permettent l'aller-retour, la meilleure façon de rester soi-même entrouvert. Un pays comme un individu peuvent mourir de deux manières : dans un étouffoir ou dans les courants d'air. Muré ou béant. Il convient d'alterner en trouvant le bon rythme — du grec *rhuthmos*, racine *rhein*, couler, notion géographique indiquant un ordonnancement de parties dans l'espace, une *forme* en un mot et seulement plus tard un découpage du temps. Rien de tel pour le tonus que de se donner sur le dehors des portes battantes à la Duchamp. Gardienne du caractère propre, remède au nombrilisme, école de modestie, aphrodisiaque léger, pousse-au-rêve, une frontière reconnue est le meilleur vaccin possible contre l'épidémie des murs. Opposant l'identité-relation à l'identité-racine, refusant de choisir entre l'évaporé et l'enkysté, loin du commun qui dissout et du chauvin qui ossifie, l'anti-mur dont je parle est mieux qu'une provocation au voyage : il en appelle à un *partage du monde.*

Quand on dénie la partition, n'est-ce pas au partage que l'on se refuse ? Aimé Césaire estimait qu'on pouvait se perdre « par ségrégation murée dans le particulier et par dilution dans l'universel ». De ces deux suicides, le second est aujourd'hui le plus tentant, et le mieux rémunéré. Tout est fait pour nous convaincre de nous rendre au *mainstream*, de rentrer dans le rang, d'imiter le *successful.* Ce n'est pourtant pas en étant moins japonais que vous avez gagné plus de parts de marché. Nous, Européens, aurions tout avantage à nous souvenir d'Héraclite, qui enseigne comment lancer sa flèche : en appliquant à la corde et à l'arc des forces de sens contraire. Quand tout pousse au global, tirer vers le local, cela fait équilibre. Le film d'auteur contre le *blockbuster*, le cru et le clos contre le cépage, Brassens contre *heavy metal*. L'abolition des frontières entre les genres — par exemple « entre le documentaire et le divertissement » —, comme on s'en targue à France Télévisions, n'intronise pas l'hybride, mais le rabot de l'audimat, qui ne fait pas le détail et pousse au n'importe quoi. Fin du style et triomphe du produit moyen pour spectateur moyen. C'est l'asservissement à la statistique. Un entraînement, qui sait, à la torpeur finale, celle qui nous offrira par mille écrans, et en simultané, langue unique, morale unique, saveur unique, une seule espèce de pommes... Une Miss Monde pour tous. Et pourquoi pas à la fin le président global d'un pays global ? S'il n'est pire tare pour une culture que d'être seule, on peut aussi se morfondre dès qu'on accepte de se confondre. Le cybercitoyen ne retrouvera pas sa fécondité sans retrouver, de quelque façon, l'imaginaire, l'impatience, l'émoi de la frontière. Celle qui fait frissonner comme un lever de rideau au théâtre, qu'on ne franchit pas sans un léger pincement au cœur, sous le regard faussement distrait du douanier. Celle que doit traverser toute quête spirituelle, sans laquelle il n'est pas d'éducation sentimentale. Celle qui autorise une juste (donc limitée) estime de soi. Et dont l'élancement conjure en nous l'artériosclérose, l'indifférence du « partout pareil, à quoi bon aller voir ailleurs ». La frontière, ce remontant, nous rend l'envie de nous dépayser, fait reculer le blasement terminal. De sa sauvegarde dépend la survie non pas de « citoyens du monde », cliché vaniteux et qui n'engage à rien, mais de citoyens de plusieurs mondes à la fois (deux ou trois, ce n'est déjà pas si mal), et qui deviennent, par là même, ces féconds androgynes que sont les hommes-frontières.

Puis-je vous livrer *in fine*, tout vagabond que je sois, et parce que j'en suis un quasi professionnel, ce que j'aurais aimé souffler à l'oreille de mes franco-centrés de compatriotes, si j'avais encore le courage de jeter des cailloux dans la mare ?

« Vous qui avez rêvé, enfant amoureux de cartes et d'estampes, sur les fleuves azur et les montagnes bistre, vous qui aimez les bateaux ivres et les soleils marins, parce que "c'est toujours au-delà des frontières que se trouvent les mines d'or" et que le vrai coup de foudre est au-delà du fleuve ; vous qui craignez encore plus l'insipide que les emporte-gueule, qui préférez le sacrilège au j'm'enfoutisme et qui vous demandez comment rester nègre ; vous qui avez plus de bonheur à vous trouver *dans* plutôt que *sur* Clochemerle, Lyon ou Paris, à être dans un pays et non "sur zone" ; vous, professeurs d'école, qui ne désespérez pas de voir fêter à l'avenir une journée de la Jupe, et vous, étudiants de Villetaneuse, de Nanterre ou du Mirail, qui rêvez de campus avec portails d'entrée, d'universités qui, sans être des cloîtres, ne seraient pas des *no man's lands* entre deux parkings (et de ce fait bardés de grilles, de barreaux et de gardes de sécurité), mais peut-être à l'image de la meilleure université publique du Japon, l'*Akamon*, la "porte rouge" ; vous qui regrettez dans les trains les compartiments fumeurs et non-fumeurs et ne ressentez pas le besoin, dans le métro ou le RER, de tout savoir sur la vie sexuelle de votre voisine, portable vissé à l'oreille, qui explique à tue-tête et en longueur à sa copine que Paulo, qui n'était déjà pas un bon coup, est en plus un saligaud, etc. ; vous qui aimeriez bien qu'on vous indique clairement où commence et où finit l'aire de chalandise, pour ne pas confondre centre-ville et centre commercial, logique de marché et service public, cupidité et dévouement ; vous, laïcs, qui ne souhaitez pas que le Père éternel force toutes les portes ici-bas ; vous, les otages du bruit, qui rêvez de pôles silence, de zones sourire, comme il y a des rues piétonnes ; vous, recrus d'obscénités, qui rêvez, en marge des arènes d'étripage, de bassins de civilité comme il y avait, jadis, des bassins d'emploi ; demandez donc à vos ministres, députés et sénateurs, gardes-frontières négligents, mais si prolixes sur les droits de l'homme, d'ajouter à leur catalogue le *droit à la frontière*, pour parer aux mortelles glissades — tout se vaut, ils se valent tous, donc rien ne vaut. Un droit ? Non, le devoir de frontière, et une urgence. »

*

Ai-je besoin, chers amis, d'exprimer ma gratitude envers la Maison franco-japonaise, qui a bien voulu m'inviter ? L'institution a la chance d'être japonaise de plein droit. Excusez-moi d'en avoir profité. Tenant à ce qui me reste de réputation, je me serais bien gardé de soutenir à Paris, devant un public français, des propos aussi malsonnants. Sans la certitude de ne pas en être entendu, je n'aurais pas eu pareille inconscience.

Merci pour votre hospitalité. Elle n'a pas de prix. L'inappréciable est la marque de tout ce qui garde quelque valeur dans l'Uniprix universel.

DU MÊME AUTEUR

Œuvres littéraires

LA FRONTIÈRE suivi de UN JEUNE HOMME À LA PAGE, *nouvelles*, Le Seuil, 1967.

L'INDÉSIRABLE, *roman*, Le Seuil, 1975.

LES RENDEZ-VOUS MANQUÉS. Pour Pierre Goldman, Le Seuil, 1975.

JOURNAL D'UN PETIT-BOURGEOIS ENTRE DEUX FEUX ET QUATRE MURS, Le Seuil, 1976.

LA NEIGE BRÛLE, *roman*, Grasset, 1977. Prix Femina.

COMÈTE MA COMÈTE, Gallimard, 1986.

LES MASQUES. Une éducation amoureuse, *trilogie* « Le temps d'apprendre à vivre », I, Gallimard, 1988 (Folio n° 2348).

CONTRE VENISE, Gallimard, 1995 (Folio n° 3014).

LOUÉS SOIENT NOS SEIGNEURS. Une éducation politique, *trilogie* « Le temps d'apprendre à vivre », II, Gallimard, 1996 (Folio n° 3051).

PAR AMOUR DE L'ART. Une éducation intellectuelle, *trilogie* « Le temps d'apprendre à vivre », III, Gallimard, 1998 (Folio n° 3352).

SHANGHAI, DERNIÈRES NOUVELLES. La mort d'Albert Londres, Arléa, 1999.

LE SIÈCLE ET LA RÈGLE. Une correspondance avec le frère Gilles-Dominique, o. p., Fayard, 2004. Prix François-Mauriac.

LE PLAN VERMEIL. Modeste proposition, Gallimard, 2004.

JULIEN LE FIDÈLE OU LE BANQUET DES DÉMONS, *théâtre*, Gallimard, 2005.

AVEUGLANTES LUMIÈRES. Journal en clair-obscur, Gallimard, 2006.

UN CANDIDE EN TERRE SAINTE, Gallimard, 2008 (Folio n° 4958). Prix Nomad's.

DÉGAGEMENTS, Gallimard, 2010 (Folio n° 5316).

ÉLOGE DES FRONTIÈRES, Gallimard, 2010 (Folio n° 5598).

DU BON USAGE DES CATASTROPHES, Gallimard, 2011.

MODERNES CATACOMBES : HOMMAGES À LA FRANCE LITTÉRAIRE, Gallimard, 2012.

Œuvres philosophiques

LE SCRIBE. Genèse du politique, Grasset, 1980.

CRITIQUE DE LA RAISON POLITIQUE OU L'INCONSCIENT RELIGIEUX, Gallimard, « Bibliothèque des Idées », 1981 (Tel n° 113).

VIE ET MORT DE L'IMAGE, UNE HISTOIRE DU REGARD EN OCCIDENT, Gallimard, « Bibliothèque des Idées », 1992 (Folio Essais n° 261).

L'EMPRISE, Gallimard, « Le Débat », 2000.

I. F. Suite et fin, Gallimard, 2000.

DIEU, UN ITINÉRAIRE, MATÉRIAUX POUR L'HISTOIRE DE L'ÉTERNEL EN OCCIDENT, Odile Jacob, 2002.

LE FEU SACRÉ. FONCTIONS DU RELIGIEUX, Fayard, 2003 (Folio Essais n° 461).

LES COMMUNIONS HUMAINES. POUR EN FINIR AVEC « LA RELIGION », Fayard, 2005.

UN MYTHE CONTEMPORAIN : LE DIALOGUE DES CIVILISATIONS, CNRS Éditions, 2007.

LE MOMENT FRATERNITÉ, Gallimard, 2009 (Folio Essais n° 538).

JEUNESSE DU SACRÉ, Flammarion, 2012.

Œuvres médiologiques

LE POUVOIR INTELLECTUEL EN FRANCE, Ramsay, 1979 (Folio Essais n° 43).

COURS DE MÉDIOLOGIE GÉNÉRALE, Gallimard, « Bibliothèque des Idées », 1991 (Folio Essais n° 377).

L'ÉTAT SÉDUCTEUR. Les révolutions médiologiques du pouvoir, Gallimard, 1993 (Folio Essais n° 312).

MANIFESTES MÉDIOLOGIQUES, Gallimard, « Hors série connaissance », 1994.

TRANSMETTRE, Odile Jacob, 1997.

CROIRE, VOIR, FAIRE, Odile Jacob, 1999.

INTRODUCTION À LA MÉDIOLOGIE. Premier cycle, PUF, 1999.

Écrits sur l'art

ÉLOGES, Gallimard, 1986.

L'ŒIL NAÏF, Le Seuil, 1994.

L'HONNEUR DES FUNAMBULES. Réponse à Jean Clair sur le surréalisme, *L'Échoppe*, 2003.

SUR LE PONT D'AVIGNON, Flammarion, « Café Voltaire », 2005.

Œuvres politiques

LA RÉVOLUTION DANS LA RÉVOLUTION, Maspero, 1967.

LA PUISSANCE ET LES RÊVES, Gallimard, 1984.

LES EMPIRES CONTRE L'EUROPE, Gallimard, 1985.

CONTRETEMPS, Gallimard, 1992 (Folio Actuel n° 31).

À DEMAIN DE GAULLE, Gallimard, 1990 (Folio Actuel n° 48).

CE QUE NOUS VOILE LE VOILE, Gallimard, 2004 (Folio n° 4330).

SUPPLIQUE AUX NOUVEAUX PROGRESSISTES DU XXIe SIÈCLE, 2006.

RÊVERIES DE GAUCHE, Flammarion, 2012.

Composition Dominique Guillaumin
Impression Novoprint
à Barcelone, le 10 mai 2013
Dépôt légal : mai 2013
ISBN 978-2-07-045305-4./Imprimé en Espagne.

252198